25 SIMPLE AND SUSTAINABLE ART PROJECTS FOR ALL SEASONS

Ages 5 +

25 Proyectos Simples y Sostenibles Para Todas Estaciones
Edades 5+

ALEXA TABIBIAN

Introduction

    This book was developed over the course of the shelter-in-place that was issued in response to the COVID-19 pandemic. As I'm sure many can relate, what seemingly began as a much-needed rest from the often overwhelming nature of daily life revealed itself to truly be a shocking period of isolation. Thus, I, like many others, sought to replace the ways in which we had connected and created with one that would be compatible with the times. I found art to be this medium. While making these projects initially served as a way for me to give back to my local communities, over the course of time, a few specific goals that I hoped to accomplish have emerged. One of them is to use what is already available in the home and make art with sustainable objects that would otherwise be overlooked and ultimately discarded. Another is to encourage young children to experiment creatively. My main aim, however, is to make my projects as accessible as I possibly could - overall, the message that I would like to convey through this book is that no matter who we are, where we come from, and the obstacles that life may present, we all deserve the opportunity to make art.

Introducción

    Este libro se desarrolló durante el transcurso del refugio en el lugar que se publicó en respuesta a la pandemia de COVID-19. Como estoy seguro de que muchos pueden reconocer, lo que aparentemente comenzó como un descanso muy necesario de la naturaleza a menudo abrumadora de la vida cotidiana se reveló como un período de aislamiento impactante. Por lo tanto, yo, como muchos otros, busqué reemplazar las formas en que nos habíamos conectado y creado con un medio que fuera compatible con el presente. Descubrí que el arte es este medio. Inicialmente , haciendo estos proyectos me sirvió como una forma de devolver a mis comunidades locales, con el transcurso del tiempo, han surgido algunas metas específicas que espero lograr. Uno de ellos es usar lo que ya está disponible en la casa y hacer arte con sostenibles objetos que de otro modo se pasarían por alto y finalmente se descartarían. Otra meta es animar a los niños pequeños a experimentar de forma creativa. Sin embargo, mi principal objetivo es que mis proyectos sean lo más accesibles posible: el mensaje que me gustaría transmitir a través de este libro es que independientemente de quiénes somos, de dónde venimos, y los obstáculos de la vida, todos merecemos la oportunidad de crear arte.

    – Alexa Tabibian

CONTENTS | CONTENIDO

MARTIN LUTHER KING DAY ACTIVITY/ ACTIVIDAD DEL DÍA DE MARTIN LUTHER KING

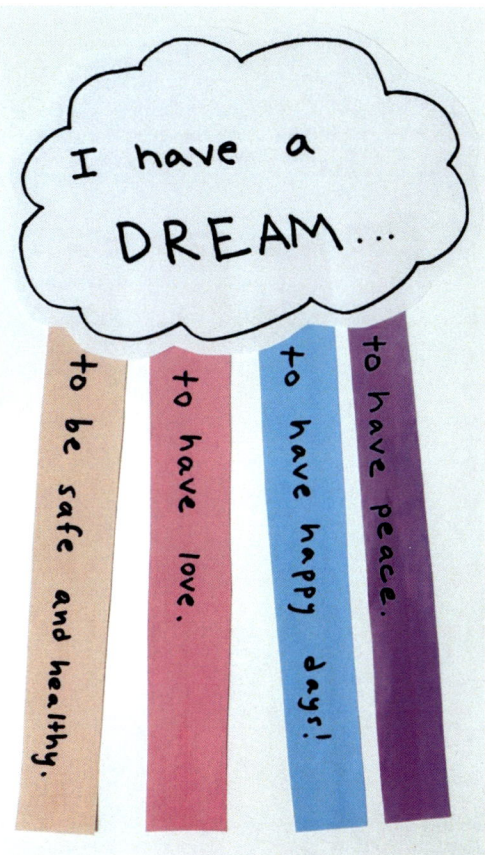

Materials: colored paper, pen/pencil, scissors, tape/glue

1. Draw a big cloud on a piece of white paper and cut it out.

2. On the cloud, write "I have a dream…"

3. Cut out thick strips of colored paper. Stick them to the bottom of your cloud using glue or tape.

4. On the strips of colored paper, write the things you hope for to make the world a better place.

Materiales: papel coloreado, bolígrafo / lápiz, tijeras, cinta / pegamento

1. Dibuja una gran nube en una hoja de papel blanco y córtala.

2. En la nube, escribe "Tengo un sueño …"

3. Recorte tiras gruesas de papel coloreado. Pégalos al fondo de tu nube con cinta o pegamento.

4. En las tiras de papel coloreado, escribe las cosas que deseas para hacer del mundo un lugar mejor.

PAPER SNOWFLAKE/
COPO DE NIEVE DE PAPEL

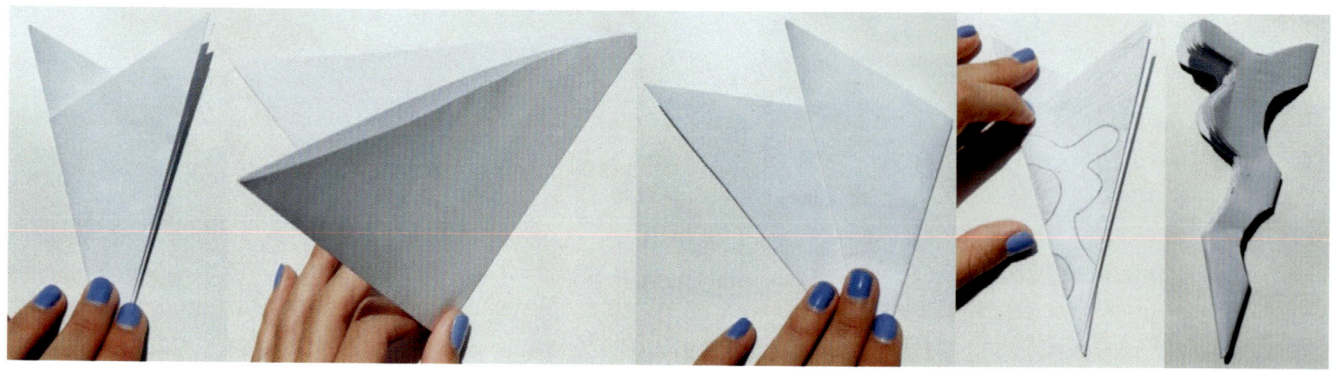

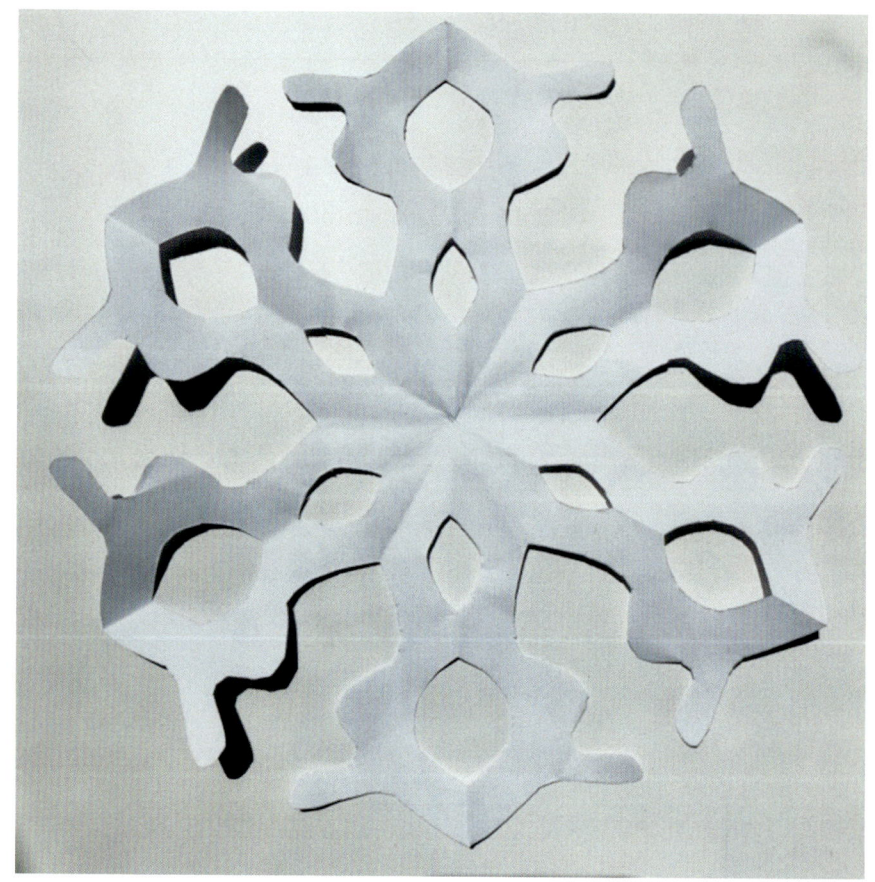

Materials: paper, scissors, pen/pencil/ marker

1. Take a square piece of paper and fold it in half diagonally so it makes a triangle. Repeat this step.

2. Take one side of the triangle and fold it halfway so the point of the triangle sticks out and you can still see the other side of the paper. Then, take the other side and fold it on top.

3. Draw a design on the paper to cut out. Be sure to leave enough uncut on the folded side so that the snowflake doesn't fall apart.

4. Unfold the paper to reveal your snowflake!

Materiales: papel, tijeras, bolígrafo / lápiz / marcador

1. Tome una hoja de papel cuadrada y dóblala por la mitad en diagonal para formar un triángulo. Repita este paso.

2. Toma un lado del triángulo y dóblalo hasta la mitad para que la punta del triángulo sobresalga y puedas ver el otro lado del papel. Luego, toma el otro lado y dóblalo hacia arriba.

3. Dibuja un diseño en el papel para recortar. Asegúrese de dejar lo suficiente sin cortar en el lado doblado para que el copo de nieve no se deshaga.

4. ¡Desdobla el papel para revelar tu copo de nieve!

NEWSPAPER POLAR BEAR/ OSO POLAR DE PERIÓDICO

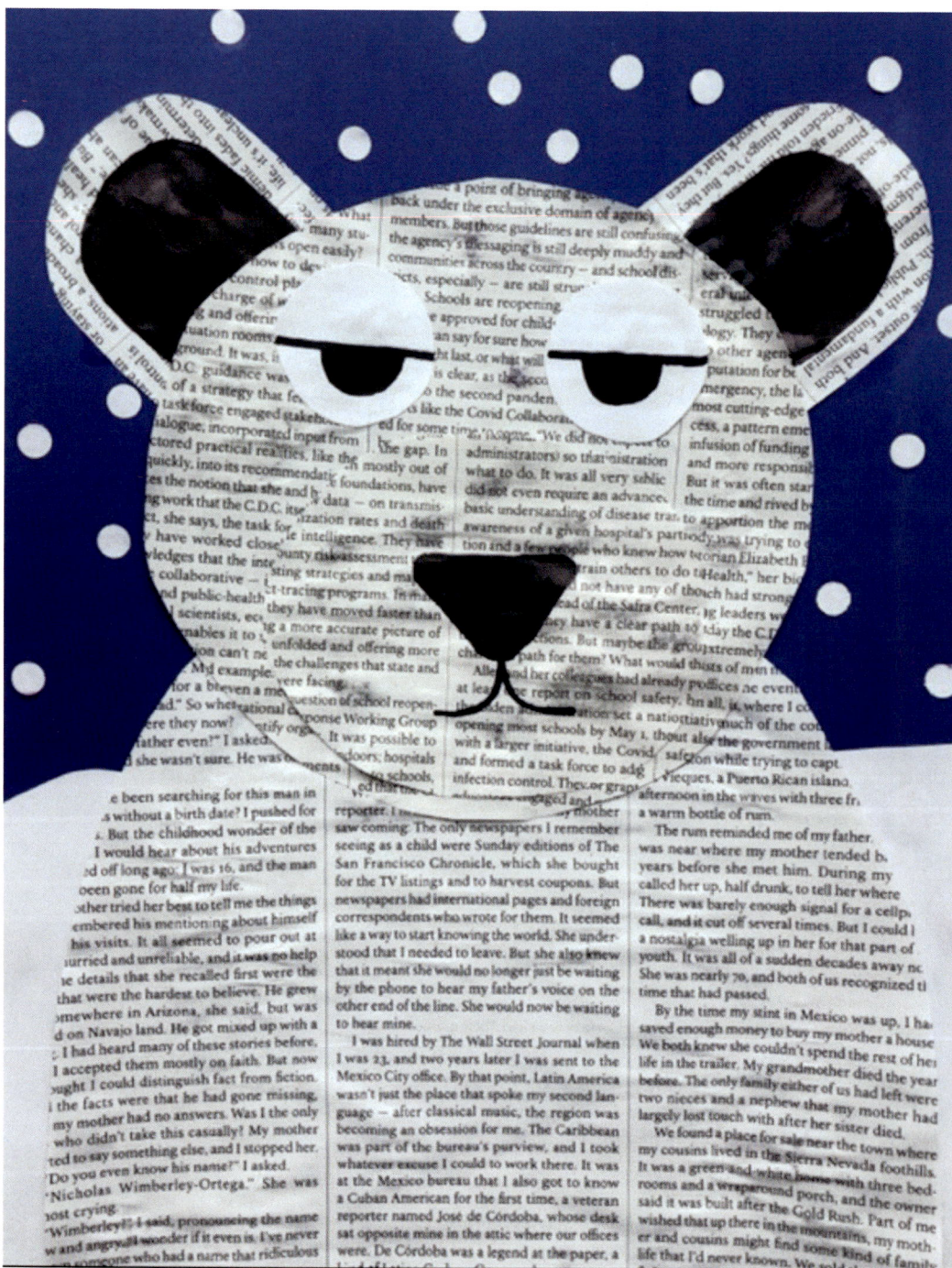

Materials: newspaper, scissors, white paper, colored paper, glue, black marker

1. Cut out small circles of white paper and glue them on to a piece of colored paper for snow behind the polar bear.

2. Cut a white piece of paper in half and glue it to the bottom of your background.

3. Using the newspaper, cut out a large semi-circle (for the body), a large circle (for the head), two small semi-circles (for the ears), and a medium sized circle (for the mouth/nose area). Glue them onto your piece of colored paper to match what is in the picture below.

4. Cut out two circles out of white paper. These are the polar bear's eyes. Glue them to the polar bear's face.

5. With a black marker, color in the polar bear's ears, eyes, nose, and mouth.

Materiales: periódico, tijeras, papel blanco, papel coloreado, pegamento, marcador negro

1. Recorta círculos pequeñas de papel blanco y pégalos en un trozo de papel coloreado para los copos de nieve detrás del oso polar.

2. Corta un papel blanco por la mitad y pégalo en la parte inferior de tu fondo.

3. Con el periódico, corte un semicírculo grande (para el cuerpo), un círculo grande (para la cabeza), dos semicírculos pequeños (para las orejas) y un círculo de tamaño mediano (para el área de la boca / nariz). Pégalos a tu pieza de papel coloreado para que coincidan con lo que se muestra en la imagen de abajo.

4. Recorta dos círculos de papel blanco. Estos son los ojos del oso polar. Pégalos a la cara del oso polar.

5. Con un marcador negro, colorea las orejas, los ojos, la nariz y la boca del oso polar.

VALENTINE'S DAY BUTTERFLY/ MARIPOSA DE DIA DE SAN VALENTÍN

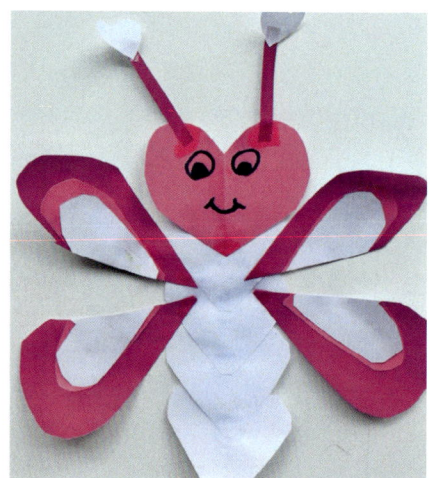

Materials: papel coloreado, scissors, glue, markers

1. Cut four big hearts out of white paper. Glue them in a line to make your butterfly's body.

2. Cut out a big pink heart for your butterfly's head. Glue it on top of the body and draw a face on it.

3. Cut out two strips of purple paper and two little white hearts for your butterfly's antenna. Glue the hearts on top of the strips and attach them to your butterfly's head.

4. Cut four teardrop shapes each out of your pink, purple, and white paper. Layer one of each color teardrop and glue them down to create four colorful wings. Glue the wings to your butterfly's body.

Materiales: papel coloreado, tijeras, pegamento, marcadores

1. Recorta cuatro corazones grandes de papel blanco. Pégalos en una línea para hacer el cuerpo de tu mariposa.

2. Recorta un gran corazón rosado para la cabeza de tu mariposa. Pégalo en la parte superior del cuerpo y dibuja una cara en él.

3. Recorta dos tiras de papel morado y dos pequeños corazones blancos para la antena de tu mariposa. Pega los corazones en la parte superior de las tiras y pégalos a la cabeza de tu mariposa.

4. Corta cuatro formas de lágrimas de tu papel rosa, morado y blanco. Capa una lágrima de cada color y pégalas para crear cuatro alas vistosas. Pega las alas al cuerpo de tu mariposa.

RAINBOW CATERPILLAR/
CATERPILLAR DE COLORES DE ARCO IRIS

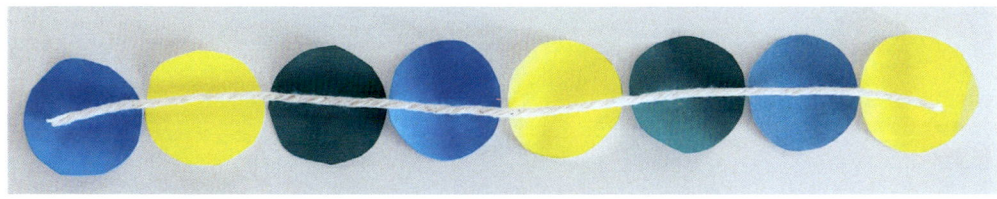

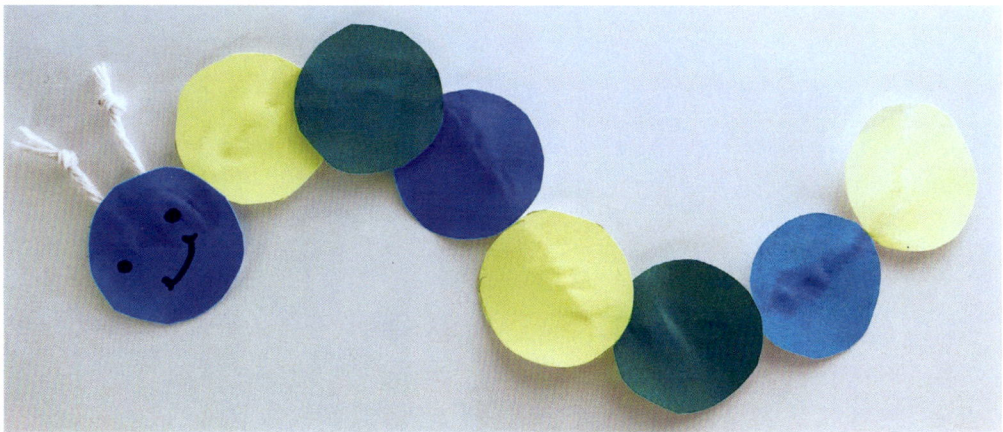

Materials: colored paper, scissors, glue, string

1. Cut circles of colored paper. Lay them in a line.
2. Cut a long piece of string and glue it across the circles.
3. Cut two shorter pieces of string and glue them to the top of one of the circles on the end. These are your caterpillar's antenna.
4. Flip your caterpillar over. On the circle with the antenna, draw a face.
5. Play with your caterpillar - it can wiggle around as much as you want!

Materiales: papel coloreado, tijeras, pegamento, hilo

1. Corta círculos de papel coloreado, y traza los círculos en una línea recta.
2. Corta un trozo largo de cuerda y pégalo en los círculos.
3. Corta dos trozos de cuerda más cortos y pégalos en la parte superior de uno de los círculos del extremo. Estas son las antenas de tu oruga.
4. Dale la vuelta a tu oruga. En el círculo con la antena, dibuja una cara.
5. Juega con tu oruga: ¡puede moverse todo lo que quieras!

PAPER CROWN/CORONA DE PAPEL

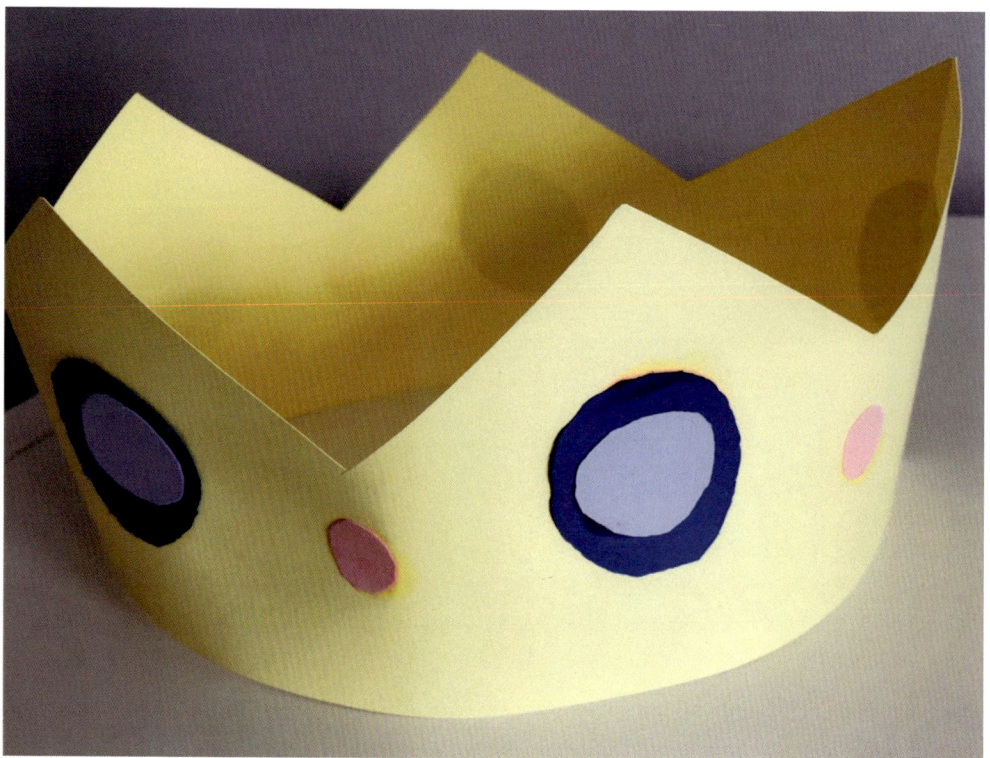

Materials: colored paper, scissors, glue/ tape

1. Take a long piece of yellow paper and cut a zigzag pattern along one of the longer edges.

2. Decorate your crown - glue circles of colored paper on your crown to make it pretty!

3. When you are finished gluing, connect the two ends of your crown using tape or glue. It is now ready to be worn!

Materiales: papel coloreado, tijeras, pegamento / cinta

1. Tome una hoja larga de papel amarillo y corte un patrón en zigzag a lo largo de uno de los bordes más largos.

2. Decora tu corona: ¡pega círculos de papel coloreado en tu corona para que sea bonita!

3. Cuando haya terminado de pegar, conecte los dos extremos de su corona con cinta o pegamento. ¡Ahora está listo para ser usado!

PAPER DRAGON/DRAGÓN DE PAPEL

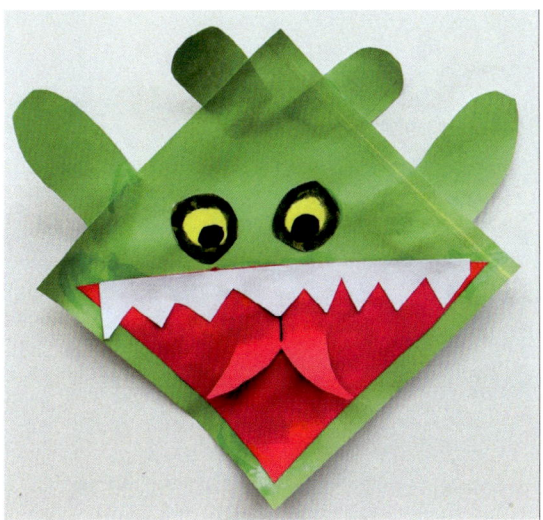

Materials: colored paper, scissors, glue, markers

1. Cut out a diamond shape, two big ovals, and two small ovals out of green paper. This is your dragon's head and head decorations.

2. Glue the ovals to either side of the top of your dragon's head, one big one and one small one on each side.

3. Cut a triangle out of your red paper - this is your dragon's mouth. Glue it to the bottom half of your dragon's face.

4. Cut a tongue shape out of red paper. Glue it on the dragon's mouth.

5. Cut small triangles out of white paper for your dragon's teeth. Glue them in its mouth.

6. Finish by drawing eyes on your dragon.

Materiales: papel coloreado, tijeras, pegamento, marcadores

1. Recorta una forma de diamante, dos óvalos grandes y dos óvalos pequeños de papel verde. Estas son las decoraciones de la cabeza y la cabeza de tu dragón.

2. Pegue los óvalos a cada lado de la parte superior de la cabeza de tu dragón, un grande y un pequeño para cada lado.

3. Corta un triángulo de tu papel rojo: esta es la boca de tu dragón. Pégalo a la mitad inferior de la cara de tu dragón.

4. Corta la forma de una lengua de papel rojo. Pégalo en la boca del dragón.

5. Corte pequeños triángulos de papel blanco para los dientes de su dragón. Pégalos en su boca.

6. Termina dibujando ojos en tu dragón.

TOILET PAPER ROLL BUTTERFLY/ MARIPOSA DE ROLLO DE PAPEL HIGIÉNICO

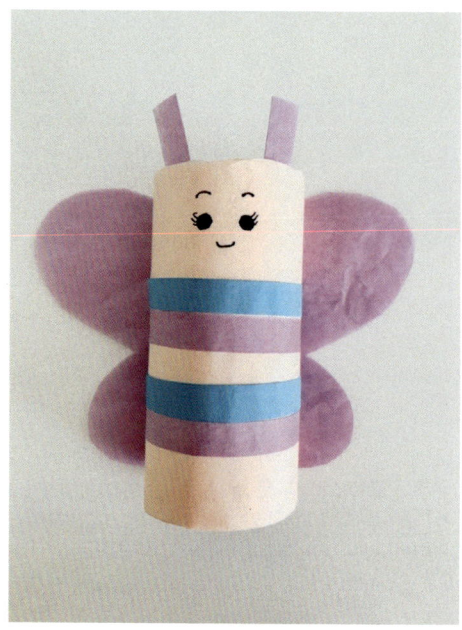

Materials: colored paper, scissors, tape/ glue, makers, toilet paper roll

1. Use an old toilet paper roll for your butterfly's body. Cover it in construction paper and decorate it with colorful stripes.

2. Use a marker to draw a face onto the butterfly

3. Use construction paper to cut out two 'B' shapes for the butterfly's wings. Stick them to the back of the butterfly's body.

4. Cut out two long rectangles for the butterfly's antenna. Stick them to the top of the butterfly's body.

Materiales: papel coloreado, tijeras, cinta / pegamento, marcadores, rollo de papel higiénico

1. Use un rollo de papel higiénico viejo para el cuerpo de tu mariposa. Cúbrelo con papel coloreado y decóralo con rayas de colores.

2. Usa un marcador para dibujar una cara sobre la mariposa.

3. Usa papel coloreado para recortar dos formas de "B" para las alas de la mariposa. Pégalos a la parte posterior del cuerpo de la mariposa.

4. Recorta dos rectángulos largos para la antena de la mariposa. Pégalos en la parte superior del cuerpo de la mariposa.

PLANT AND FLOWER BUTTERFLY/ MARIPOSA DE PLANTAS Y FLORES

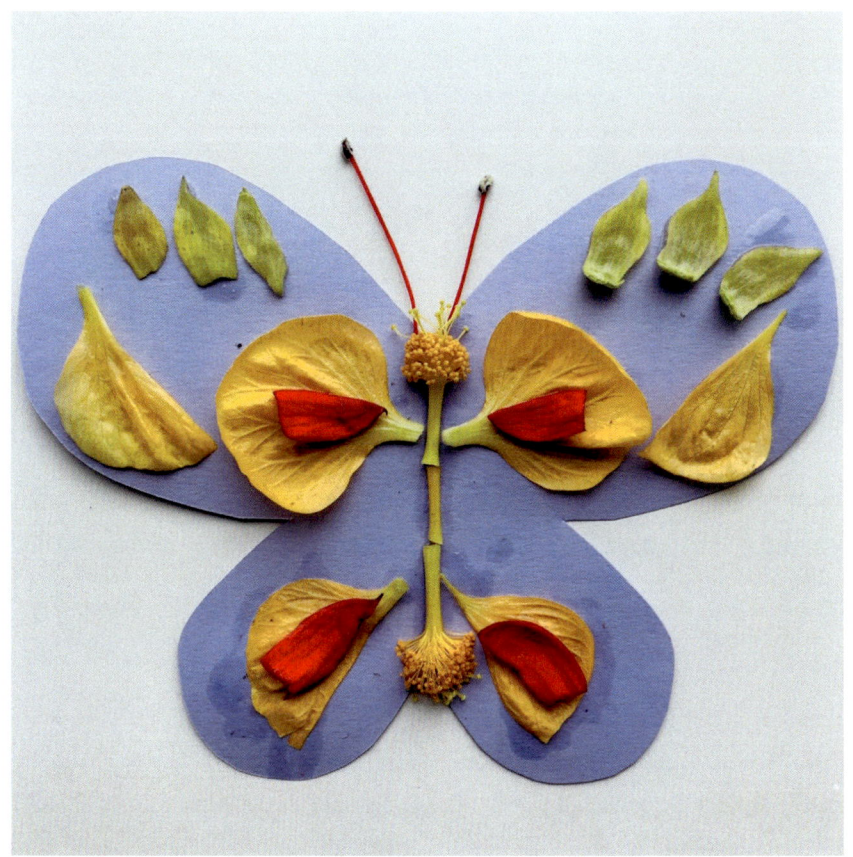

Materials: scissors, colored paper, flowers/ plants, glue

1. Take a piece of colored paper and fold it in half. On the folded edge, cut out a shape that looks like the letter 'B'. Unfold the paper to reveal your butterfly.

2. Go outside and pick some flowers and plants. Bring them back to your butterfly and use them to decorate the wings! Glue the plants in place.

Materiales: tijeras, papel coloreado, flores / plantas, pegamento

1. Tome una hoja de papel coloreado y dóblela por la mitad. En el borde doblado, corte una forma que se parezca a la letra 'B'. Desdobla el papel para revelar tu mariposa.

2. Salga y recoge algunas flores y plantas. ¡Regresalos a tu mariposa y úsalos para decorar las alas! Pega las plantas en su lugar.

MOTHER'S DAY FLOWERS/ FLORES DE DÍA DE LA MADRE

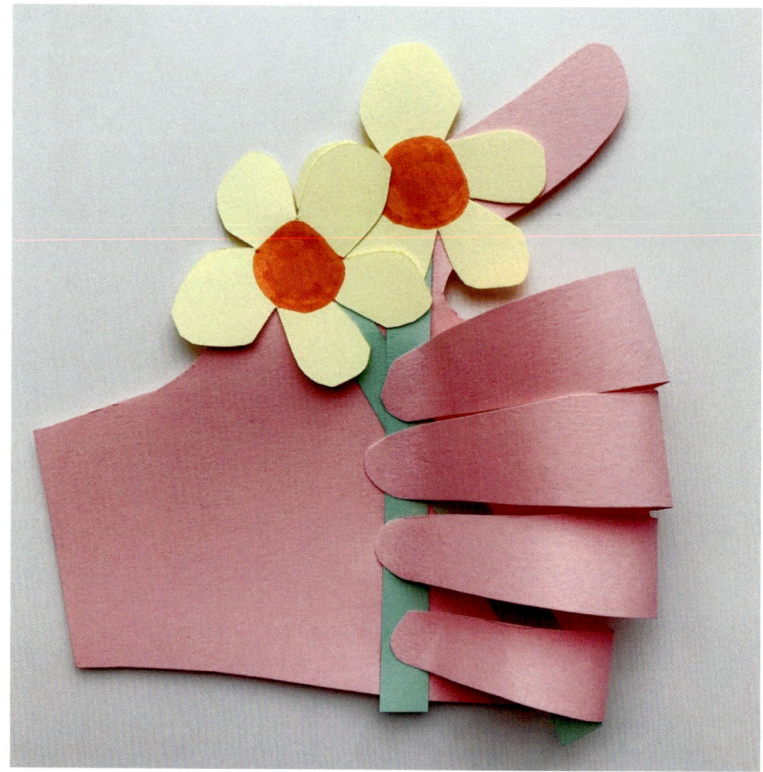

Materials: paper, makers, tape/ glue, scissors

1. Trace your hand on a piece of paper. Cut out the outline.

2. Use a few different colors of paper to create the flowers.

3. Place the flowers in the palm of your hand cut-out. Glue or tape them in place.

4. Gently bend the fingers of your hand cut-out over the flowers and tape each of the fingertips down onto the palm so the fingers wrap around the flowers.

Materiales: papel, marcadores, cinta / pegamento, tijeras

1. Trace su mano en una hoja de papel. Recorta el contorno.

2. Utilice papel coloreado para crear las flores.

3. Coloque las flores en la palma de su mano recortada. Pégalos en su lugar.

4. Doble suavemente los dedos de su mano recortada sobre las flores y pegue con cinta cada una de las yemas de los dedos hacia abajo en la palma de modo que los dedos se envuelven alrededor de las flores.

PAPER SUNFLOWER/GIRASOL DE PAPEL

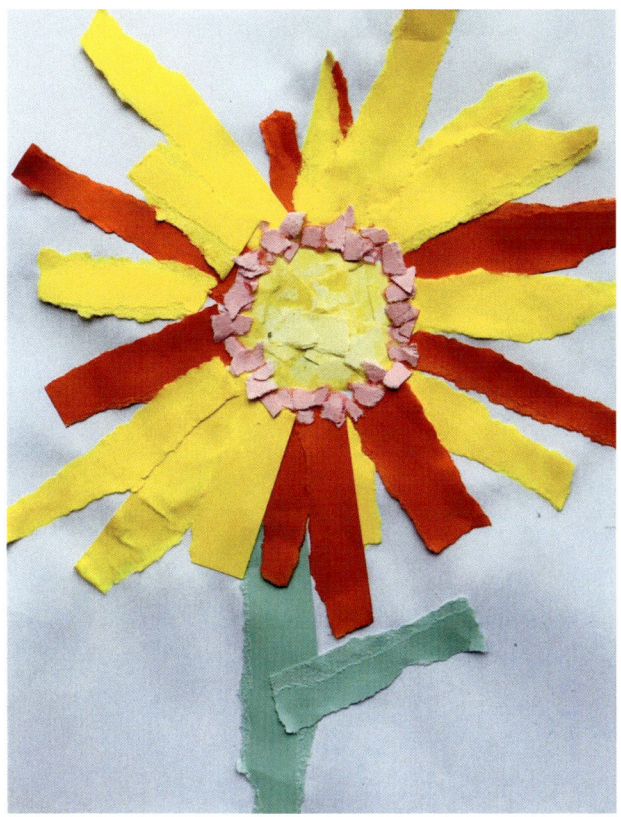

Materials: colored paper, glue

1. Tear medium sized pieces of light-yellow paper and glue them in a circle to make the middle of the sunflower.

2. Tear small pieces of pink paper to make a ring around the middle of the flower.

3. Tear bright yellow and orange strips of paper. Glue them around the center of the flower to make petals.

4. Tear one long and one short piece of green paper. Glue them to the bottom of the flower to the stem and a leaf on the sunflower.

Materiales: papel coloreado, pegamento

1. Rasgue trozos de papel amarillo claro de tamaño mediano y pégalos en un círculo para hacer el centro del girasol.

2. Rasgue pequeños trozos de papel rosa para hacer un anillo alrededor del centro de la flor.

3. Rasgue tiras de papel coloreado amarillo brillante y naranja. Pégalos alrededor del centro de la flor para hacer pétalos.

4. Arranque una hoja larga y una corta de papel verde. Pégalos en la parte inferior de la flor al tallo y una hoja en el girasol.

BUTTERFLY PAPER CHAIN/ CADENA DE PAPEL DE MARIPOSAS

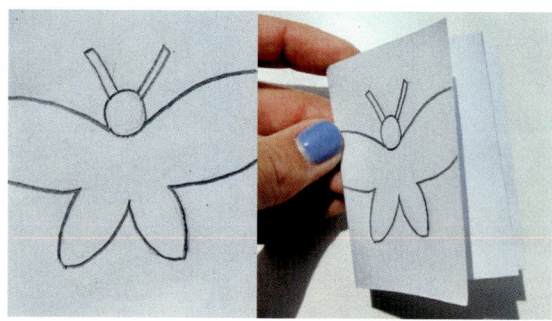

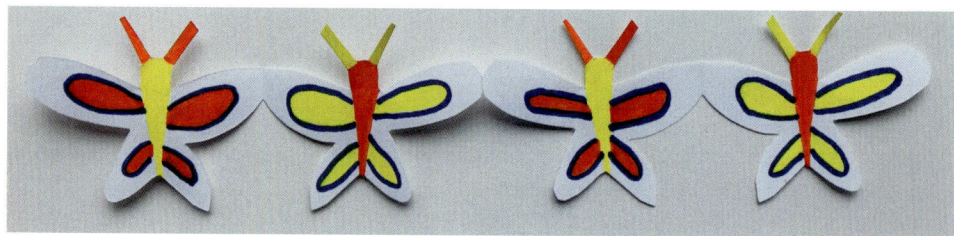

Materials: paper, scissors, markers/colored pencils/pens

1. Cut out a long strip of paper. Fold it in alternating directions to make an accordion.

2. Draw a butterfly on the paper. Make sure the wings are wide enough to reach the sides of the paper.

3. Cut out the butterfly along the lines you drew. Make sure that you don't cut out the entire butterfly - leave the tips of the wings connected to the outside edges of the paper.

4. Unfold the paper to reveal your chain and decorate your butterflies!

Materiales: papel, tijeras, marcadores / lápices de colores / bolígrafos

1. Recorta una tira larga de papel. Dóblalo en direcciones alternas para hacer un acordeón.

2. Dibuja una mariposa en el papel. Asegúrese de que las alas sean lo suficientemente anchas para alcanzar los lados del papel.

3. Recorta la mariposa siguiendo las líneas que dibujaste. Asegúrate de no cortar toda la mariposa: deja los bordes de las alas conectadas a los bordes exteriores del papel.

4. ¡Desdobla el papel para revelar tu cadena y decora tus mariposas!

TIN FOIL FISH/
PESCADO DE PAPEL DE ALUMINIO

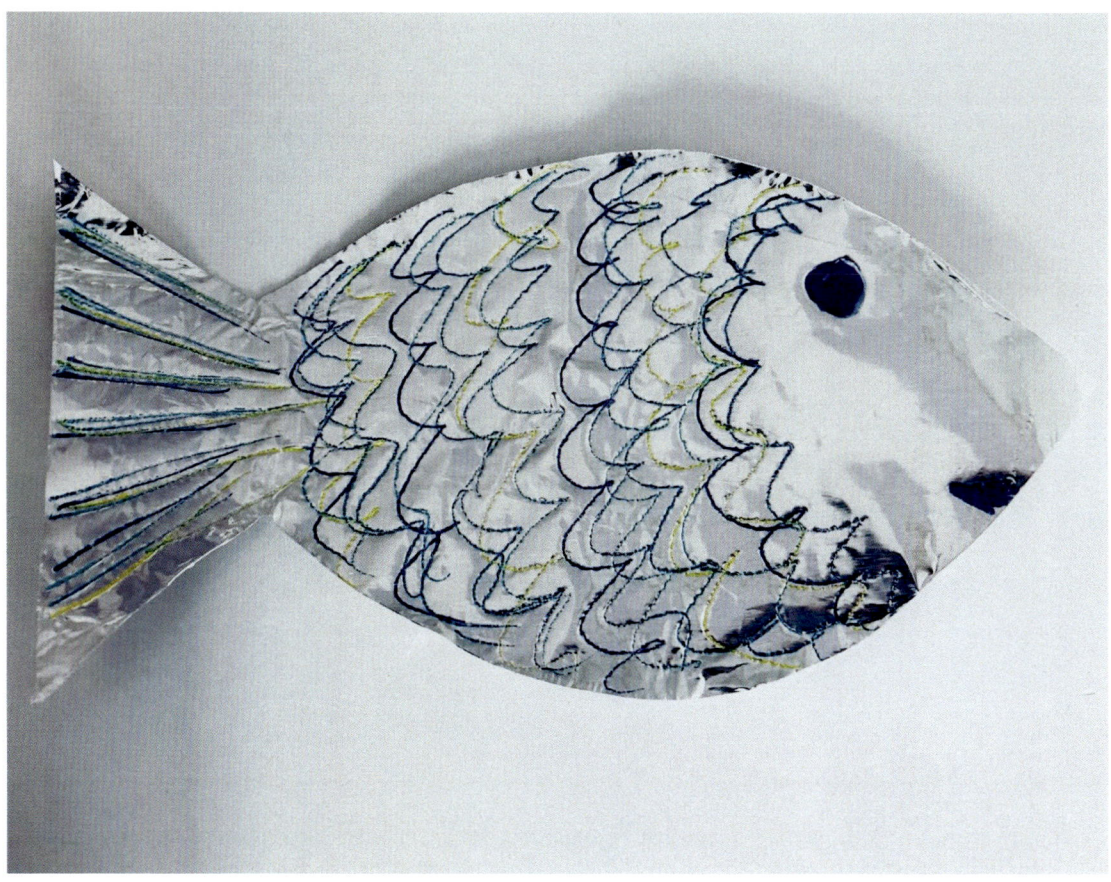

Materials: tin foil, colored markers, scissors

1. Draw the shape of a fish on a piece of tin foil. Cut it out.

2. Use colored markers to decorate the fish however you would like!

Materiales: papel de aluminio, marcadores de colores, tijeras

1. Dibuja la forma de un pez en un trozo de papel de aluminio. Cortalo.

2. ¡Usa rotuladores de colores para decorar el pez como te guste!

PAPER FLOWER NECKLACE/ CADENA DE FLORES DE PAPEL

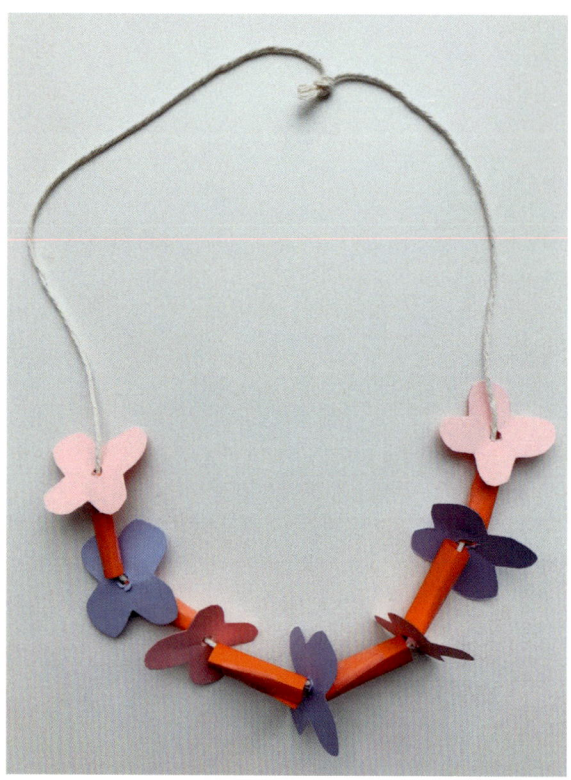

Materials: string, colored paper, tape, scissors

1. Cut out flower shapes using your colored paper. Poke a hole in each flower using your scissors.

2. Make thin, short tubes out of colored paper.

3. Cut out a long piece of string. Thread the paper flowers and tubes that you make into the necklace, alternating each time.

4. Tie the two ends of the sting together. Your necklace is now ready to be worn!

Materiales: hilo, papel coloreado, cinta, tijeras

1. Recorta formas de flores con papel coloreado. Haz un hoyo en cada flor con tus tijeras.

2. Haga tubos delgados y cortos con papel coloreado.

3. Corta un trozo largo de cuerda. Enhebra las flores de papel y los tubos que hagas en el collar, alternando cada vez.

4. Ate los dos extremos del aguijón juntos. ¡Tu collar ya está listo para usarse!

3D PAPER FLOWER/FLOR DE PAPEL EN 3D

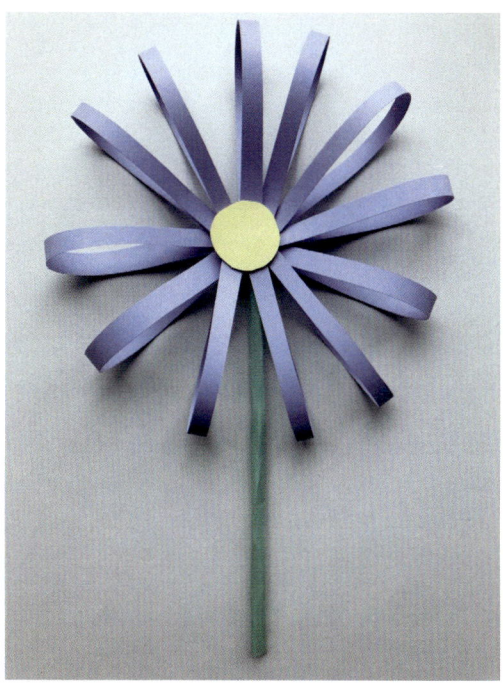

Materials: colored paper, glue/ tape, scissors

1. For the stem of the flower, cut out a thick strip of green paper. Roll it up and glue or tape it in place.

2. For the middle of the flower, cut out two yellow circles. Stick one of the yellow circles to the stem.

3. For the petals of the flower, cut out long, thin strips of paper. Take a strip of paper and glue the ends together to make a loop. Glue the ends of the loop onto the center of the flower. Repeat for each loop.

4. Stick the other yellow center on top of the petals.

Materiales: papel coloreado, cinta / pegamento, tijeras

1. Para el tallo de la flor, corte una tira gruesa de papel verde. Enrollalo y pégalo con cinta o pegamento.

2. Para el centro de la flor, corte dos círculos amarillos. Pegue uno de los círculos amarillos al tallo.

3. Para los pétalos de la flor, corte trozos de papel largos y delgados. Toma una tira de papel y pega los extremos para formar un bucle. Pega los extremos del lazo en el centro de la flor. Repita para cada bucle.

4. Pegue el otro centro amarillo encima de los pétalos.

COLLAGE FISH/PEZ DE COLLAGE

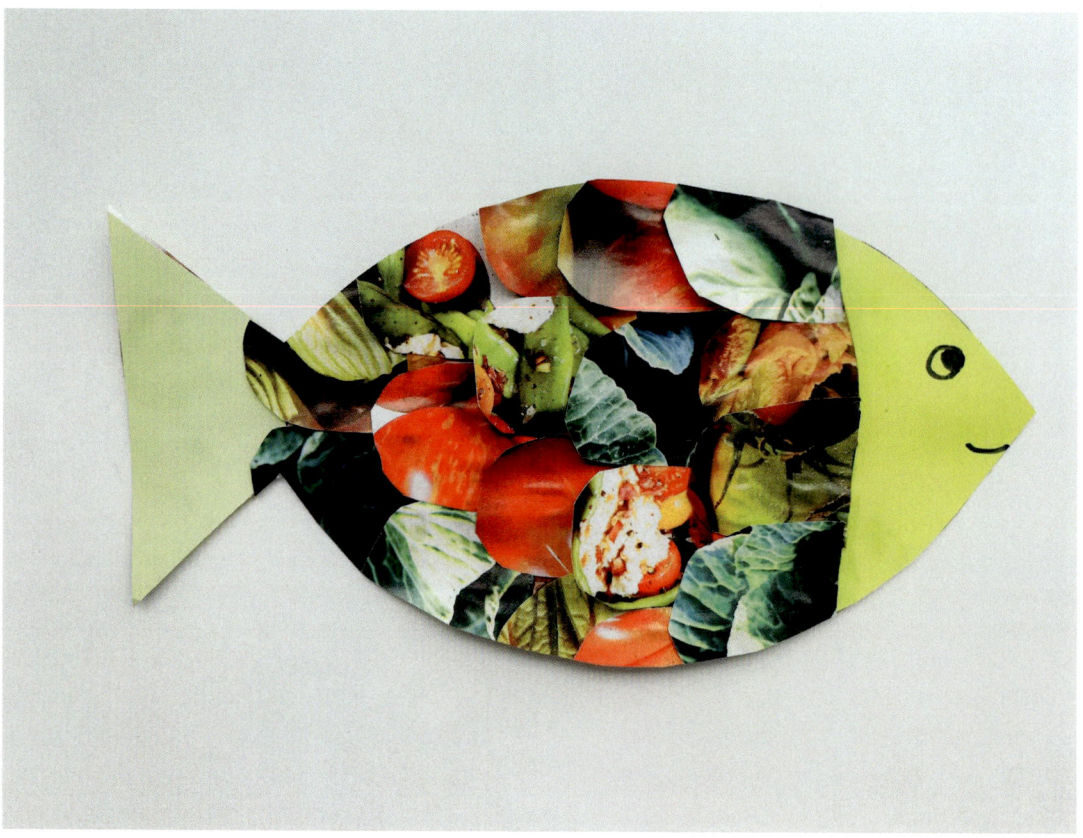

Materials: magazines, glue/tape, pens/ markers, scissors

1. On a piece of paper, draw and cut out the shape of a fish.
2. Find colorful pages in your magazine and use them to cut out semi-circle shapes. These are the fish's gills.
3. Layer the fish's gills onto its body and glue or tape them into place.
4. Use a marker to draw your fish's face.

Materiales: revistas, cinta / pegamento, bolígrafos / marcadores, tijeras

1. En una hoja de papel, dibuja y recorta la forma de un pez.
2. Encuentra páginas coloridas en tu revista y úsalas para recortar formas de semicírculo. Estas son las branquias del pez.
3. Coloque las branquias del pez sobre su cuerpo y pégalas con cinta o pegamento en su lugar.
4. Usa un marcador para dibujar la cara de tu pez.

PAPER ACCORDION RING/
ANILLO DE ACORDEÓN DE PAPEL

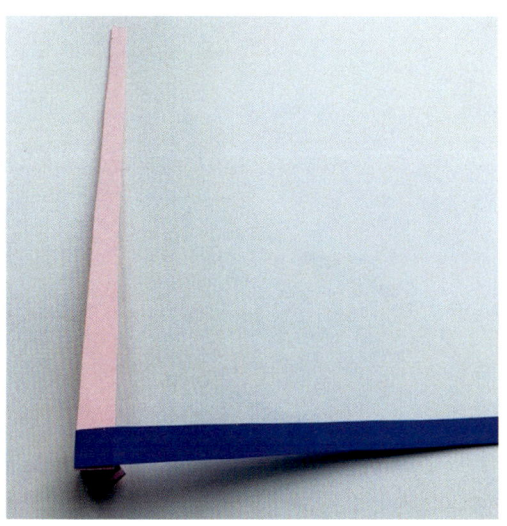
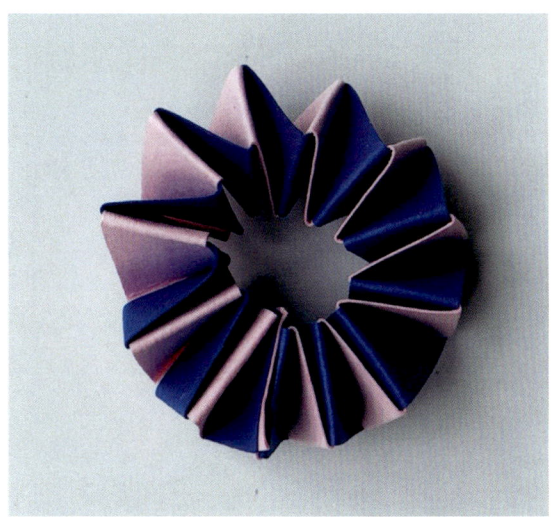

Materials: colored paper, tape/ glue, scissors

1. Cut out two long strips of colored paper. Lay the paper strips perpendicular to each other. Tape the ends together where the strips of paper overlap.

2. Take the bottom strip of paper and fold it over to the other side (from the right to the left).

3. Next, take the top strip of paper and fold it down. Repeat this folding process, alternating strips of paper to fold over to the opposite side.

4. Once you have your accordion strand, tape the two ends together to make a ring.

Materiales: papel coloreado, cinta / pegamento, tijeras

1. Recorta dos tiras largas de papel coloreado. Coloque las tiras de papel para que sean perpendiculares. Pegue los extremos con cinta donde se superponen las tiras de papel.

2. Tome la tira de papel inferior y dóblala hacia el otro lado (del derecho a la izquierda).

3. A continuación, tome la tira de papel superior y dóblala abajo. Repite este proceso de plegado, alternando tiras de papel para doblar hacia el lado opuesto.

4. Una vez que tenga el hilo de acordeón, pegue los dos extremos con cinta para formar un anillo.

NEGATIVE-SPACE HEART/ CORAZÓN DE ESPACIO-NEGATIVO

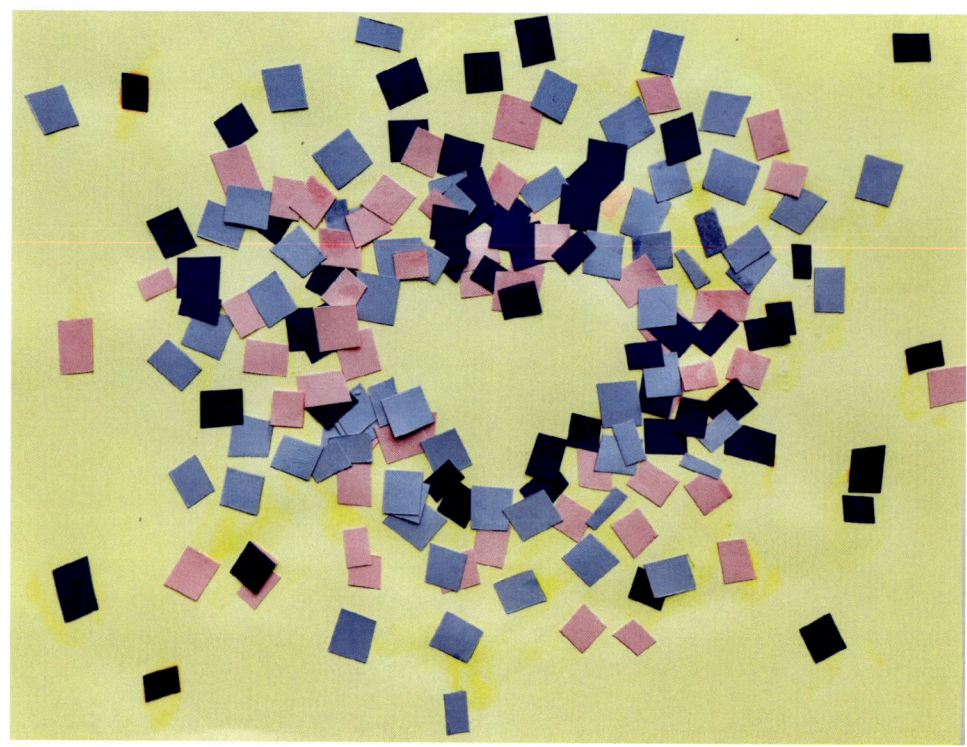

Materials: colored paper, scissors, glue

1. Cut out little squares of colored paper.
2. Take a piece of paper and cut out a heart. Place the heart on top of your background piece of paper. Do not glue it down.
3. Glue the colored paper squares around the heart and onto the background piece of paper.
4. Remove the heart cut-out. You should be able to see the shape of the heart because there aren't any colored paper squares in the heart, but there are everywhere else.

Materiales: papel coloreado, tijeras, pegamento

1. Corta cuadraditos de papel coloreado.
2. Tome una hoja de papel y corte un corazón. Coloque el corazón encima de su papel de fondo. No lo pegues.
3. Pegue los cuadrados de papel coloreado alrededor del corazón y en la hoja de papel de fondo.
4. Retire el corte del corazón. Debería poder ver la forma del corazón porque no hay cuadrados de papel coloreado en el corazón, pero los hay en todas otras partes.

PAPER BAT/MURCIÉLAGO DE PAPEL

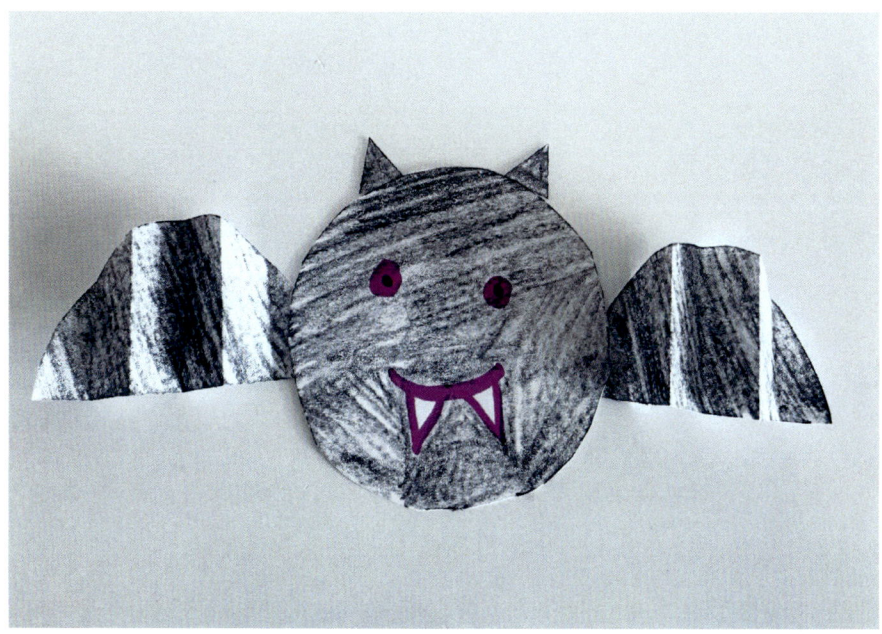

Materials: paper, markers/crayons/colored pencils, tape/glue, scissors

1. Cut out two circles. (You can trace the bottom of a cup to help you draw perfect circles.)

2. Draw your bat's face on one circle and color it black.

3. Cut the other circle in half and color both pieces black. Fold them back and forth like an accordion. These are your bat's wings.

4. Cut out two small triangles for the bat's ears and color them black.

5. Stick the bat's ears to the top of its head and the bat's wings on either side of its face.

Materiales: papel, marcadores / crayones / lápices, cinta / pegamento, tijeras

1. Recorta dos círculos. (Puedes trazar el fondo de una taza para ayudarte a dibujar círculos perfectos).

2. Dibuja la cara de tu murciélago en un círculo y coloréalo de negro.

3. Corta el otro círculo por la mitad y colorea ambas piezas de negro. Dóblalos de un lado a otro como un acordeón. Estas son las alas de tu murciélago.

4. Recorta dos pequeños triángulos para las orejas del murciélago y coloréalos de negro.

5. Pegue las orejas del murciélago en la parte superior de su cabeza y las alas del murciélago a cada lado de su cara.

PAPER PUMPKIN/ CALABAZA DE PAPEL

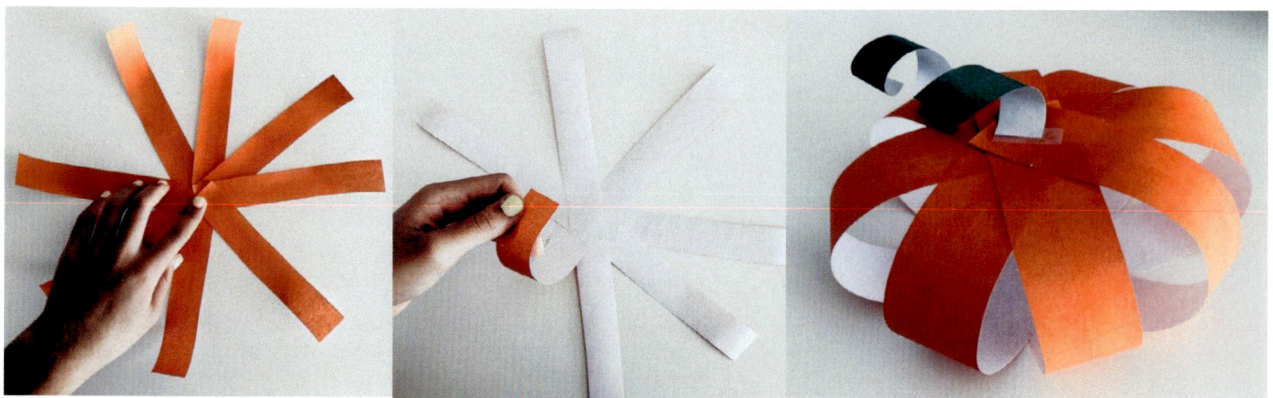

Materials: colored paper, scissors, glue/ tape

1. Cut out six thick strips of orange paper.

2. Lay the paper in a circle so that the ends of the strips are layered in the middle. Tape all the ends of the strips of paper together.

3. Bend the loose end of the strips up and to the center so that they overlap to make a sphere. Tape the tops together.

4. Cut out a green strip of paper for the stem. You can roll it up to make it curly.

Materiales: papel coloreado, tijeras, cinta / pegamento

1. Recorta seis tiras gruesas de papel naranja.

2. Coloque el papel en un círculo de modo que los extremos de las tiras queden en capas en el medio. Pegue todos los extremos de las tiras de papel con cinta o pegamento.

3. Doble el extremo suelto de las tiras de papel hacia arriba y hacia el centro para que se superponen para formar una esfera. Pega las partes superiores juntas.

4. Recorta una tira de papel verde para el tallo. Puedes enrollarlo para que quede rizado.

Q-TIP SKELETON/ESQUELETO DE Q-TIPS

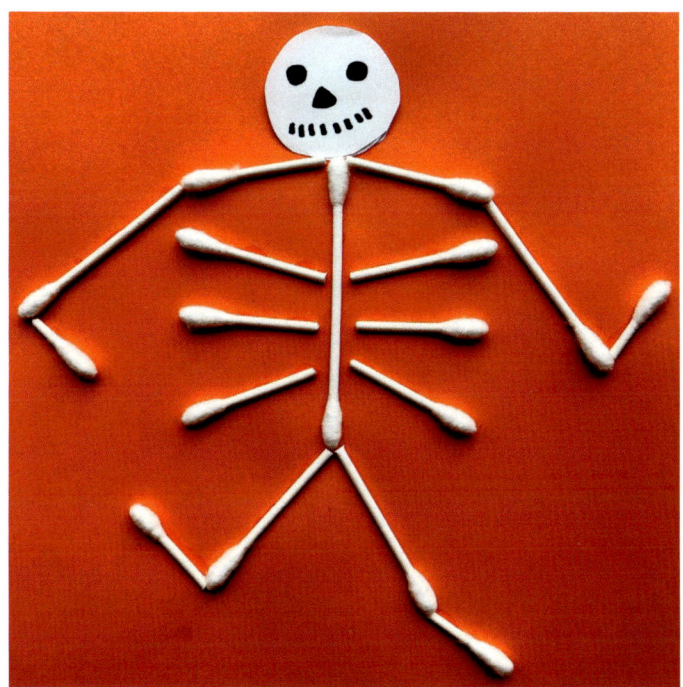

Materials: paper, glue, Q-tips, pens, scissors

1. Glue a Q-tip vertically to the middle of the paper - this is the skeleton's spine.

2. Cut three Q-tips in half and glue them down to each side of the spine to create ribs.

3. Use cut up Q-tips to make the skeleton's arms and legs.

4. Cut out a circle of white paper for the skeleton's head and draw a face on it. Stick the head to the top of the skeleton's spine.

Materiales: papel, pegamento, Q-tips, bolígrafos, tijeras

1. Pegue un Q-tip verticalmente en el centro del papel: este es el lomo del esqueleto.

2. Corta tres Q-tips por la mitad y pégalos a cada lado del lomo para crear costillas.

3. Use Q-tips cortados para hacer los brazos y piernas del esqueleto.

4. Recorta un círculo de papel blanco para la cabeza del esqueleto y dibuja una cara en él. Pega la cabeza a la parte superior de la columna vertebral del esqueleto.

LEAF TURKEY/PAVO DE HOJAS

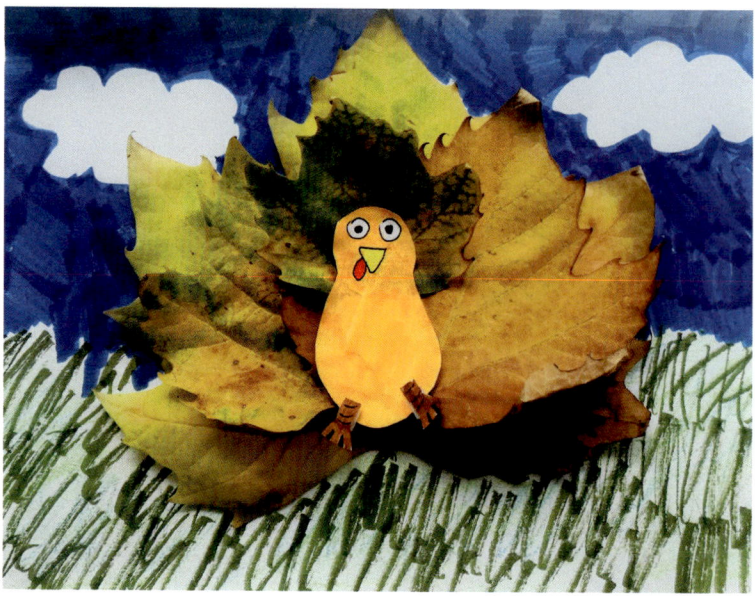

Materials: paper, markers/crayons, glue/tape, leaves, scissors

1. Take a walk outside! Find differently sized leaves and bring them home.

2. Layer the leaves in a pile and glue or tape them in place.

3. Cut out a pear shape for the turkey's body. You can give your turkey whatever facial expression you like.

4. Decorate the background - you can add trees, rocks, bushes, or anything else you want to draw!

Materiales: papel, marcadores / crayones, cinta / pegamento, hojas, tijeras

1. ¡Salga a caminar afuera! Encuentra hojas de diferentes tamaños y llévalas a casa.

2. Coloque las hojas en una pila y pégalas con cinta o pegamento.

3. Recorta una forma de pera para el cuerpo del pavo. Puedes darle a tu pavo la expresión el rustro que quieras.

4. Decora el fondo: ¡puedes agregar árboles, rocas, arbustos o cualquier otra cosa que quieras dibujar!

EGG CARTON TURKEY/ TURQUÍA DE CARTÓN DE HUEVO

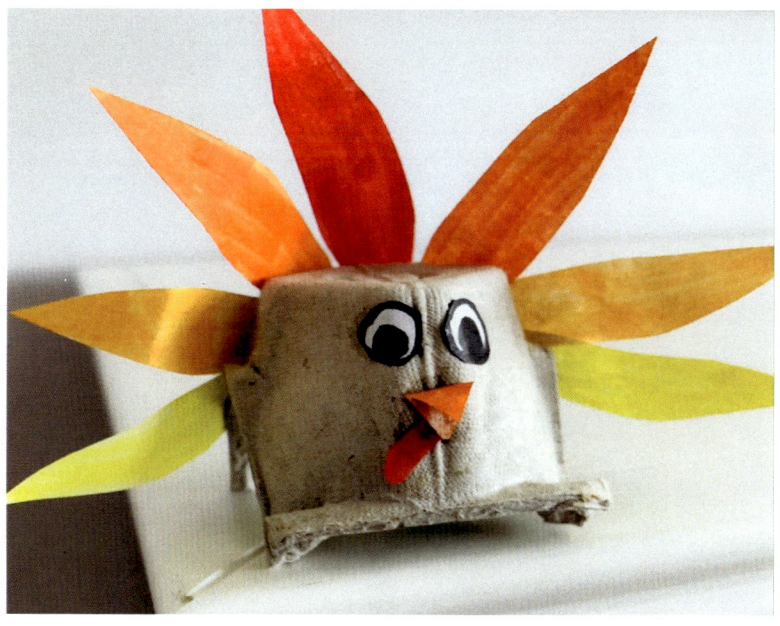

Materials: glue/tape, colored paper, egg carton, markers, scissors

1. Cut out pieces of paper for the different parts of your turkey - one section of an old egg carton for the body, two circles of white paper with black circles in the middle for the eyes, an orange triangle for the beak, and a long red strip of paper for your turkey's wattle.

2. Flip the egg carton cup upside down. Glue or tape your turkey's eyes, beak, and wattle to the egg carton.

3. Cut out oval strips of red, yellow, and orange paper for your turkey's feathers. Glue them onto the back of the egg carton.

Materiales: cinta / pegamento, papel coloreado, cartón de huevos, rotuladores, tijeras

1. Recorta pedazos de papel para las diferentes partes de tu pavo: una sección de una vieja cartón de huevos para el cuerpo, dos círculos de papel blanco con círculos negros en el medio para los ojos, un triángulo naranja para el pico y un tira larga de papel rojo para el zarzo de tu pavo.

2. Voltee la taza del cartón de huevos al revés. Pegue los ojos, el pico y la acacia de su pavo al cartón de huevos.

3. Recorta tiras ovaladas de papel rojo, amarillo y naranja para las plumas de tu pavo. Pégalos en la parte posterior del cartón de huevos.

PAPER CHAIN NECKLACE/ COLLAR DE CADENA DE PAPEL

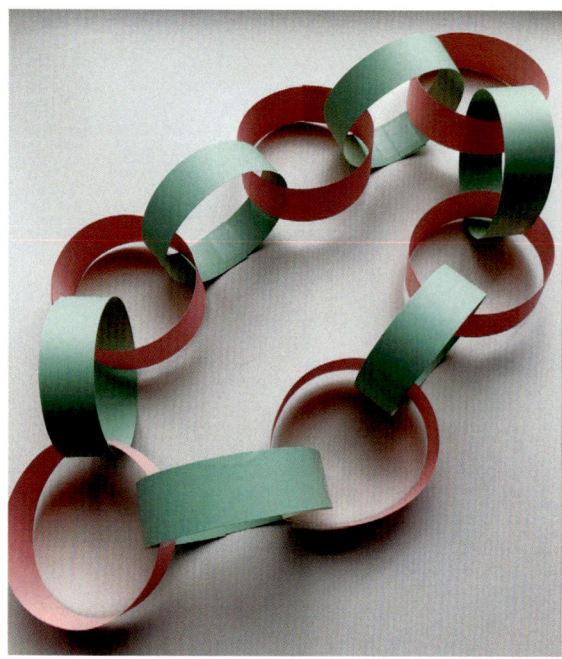

Materials: paper, scissors, tape/glue

1. Cut out long strips of colored paper.

2. Take a strip of paper and glue or tape the two ends together to make a ring.

3. Loop another strip of paper through the paper ring that you created and tape the ends of the strip together to make two connected rings. Repeat this step until you have a long chain.

4. Tape the two ends of the paper chain together and put it around your neck to wear it as a necklace!

Materiales: papel, tijeras, cinta / pegamento

1. Corta tiras largas de papel coloreado.

2. Tome una tira de papel y pegue los dos extremos para formar un anillo.

3. Pase otra tira de papel a entre el anillo de papel que creíste y pegue con cinta los extremos de la tira para formar dos anillos conectados. Repite este paso hasta que tengas una cadena larga.

4. ¡Pegue los dos finales de la cadena de papel y colóquela alrededor de su cuello para usarla como un collar!

HAND CHRISTMAS TREE/
ÁRBOL DE NAVIDAD DE MANO

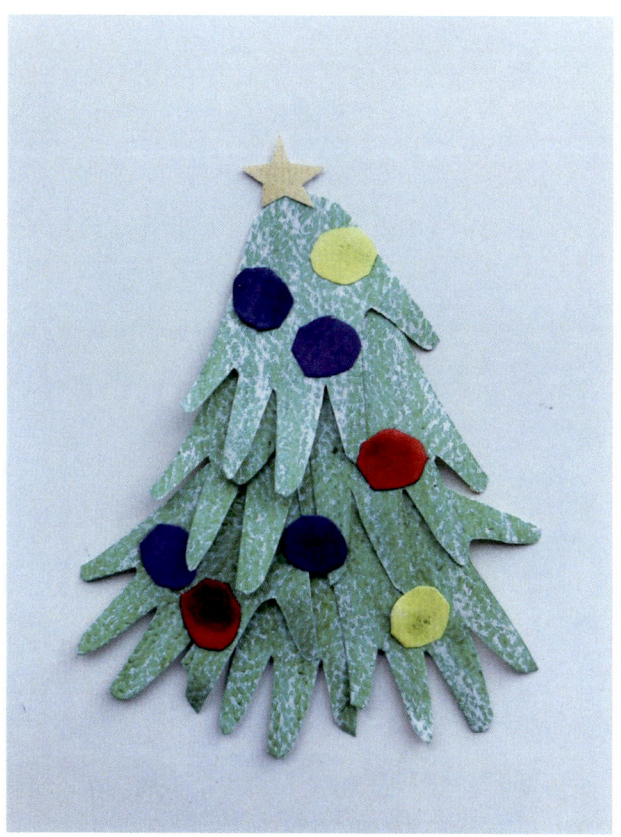

Materials: colored paper, scissors, tape/ glue

1. Trace your hand 6 times on a piece of green colored paper and cut them out.

2. Arrange these cutouts to make the shape of a Christmas tree and glue or tape them in place.

3. Cut out circles of colored paper to make ornaments. Glue or tape them onto your tree.

4. Cut out a star on a piece of yellow paper. Glue it to the top of your tree.

Materiales: papel coloreado, tijeras, cinta / pegamento

1. Trace tu mano 6 veces en una hoja de papel coloreado verde y recórtelas.

2. Organice estos recortes para hacer la forma de un árbol de Navidad y pégalos con cinta o pegamento.

3. Recorta círculos de papel coloreado para hacer adornos. Pégalos sobre tu árbol.

4. Recorta una estrella en un papel amarillo. Pégalo a la parte superior de tu árbol.